KB237346

문학과지성 시인선 75

얼음 시집

송재학 시집

문학과지성사

문학과지성사에서 펴낸 송재학의 시집

푸른빛과 싸우다(1994)
검은색(2015)

문학과지성 시인선 75

얼음 시집

초판 1쇄 발행 1988년 11월 1일
초판 2쇄 발행 1990년 3월 3일
재판 1쇄 발행 1995년 2월 6일
재판 2쇄 발행 2017년 11월 16일

지 은 이 송재학
펴 낸 이 이광호
펴 낸 곳 ㈜**문학과지성사**

등록번호 제1993-000098호
주   소 04034 서울 마포구 잔다리로7길 18(서교동 377-20)
전   화 02)338-7224
팩   스 02)323-4180(편집)   02)338-7221(영업)
전자우편 moonji@moonji.com
홈페이지 www.moonji.com

© 송재학, 1988, 1995. Printed in Seoul, Korea

ISBN 89-320-0374-2 02810

문학과지성 시인선 75

얼음 시집

송재학

일러두기

시의 제목과 본문에 쓰인 한자 표기는 대부분 한글로 옮겼으며, 필요한
경우 병기하였다(2017년 10월 기준).

시인의 말

터벅터벅 걸어, 게으르게, 자책과 비애와 뒤섞이며, 돌아보니, 아직 숲 속에 머물러 있다. 인각사 일연 스님의 비문처럼 닳고 닳아야 할 것이 아닌가.

아직도 이승의 불 속에 계시는 선친과 어머님, 편안하시길……

1988년 10월

송재학

얼음 시집

차례

I. 얼음시

서시

그는 돌아왔다. 칠월. 어느 날.
비름풀 밟으며. 들끓는 노을에
가슴 뜯긴 채. 몇 권의 책. 지지한
세월 마른 먼지로 풀썩일 때
절벽 아래. 으깨
지는 물과 바위. 흰 파편 따위 잊고.
　　죽음처럼 걸어왔다.
불붙은 고요 길 위로. 숱한
사람들 산산이 부서져간 어둠의 켜켜로
이 땅 한숨 안으로. 검은 눈의 그가.
다가와. 불끈 손 내밀고.

얼음시 1

연산석물공장에 입사한 지 3년 만에 김형모 씨는 입원했다 호흡기내과 레지던트 박기철은 차트에 환자의 인적 사항과 증상을 기술했다 김형모 남 31세 석공 우폐엽상엽에 미만성섬유과다증식 우폐하엽폐기종 호흡곤란 기침 전신쇠약 흉부통증 혈담 폐결핵합병증가능 규폐증인상 박기철은 자기와 같은 나이의 이 사내의 과거력이 궁금했다 박기철이 자살한 친구로부터 받은 마르크 블로흐의 『역사를 위한 변명』을 반쯤 읽을 무렵이었다 김형모 씨는 지난 시절 시골의 브라운관 조립 공장에 다니면서 공민학교 고등 과정을 마치고 도시로 나왔다 그는 잡일을 하면서 모은 돈으로 대학에 가려고 발버둥쳤으나 솜 공장에서 얻은 폐결핵으로 귀향하고 말았다 면사무소 방위병으로 근무하며 김형모 씨는 다시 강의록을 들췄다 박기철은 대학에 들어와서 사상 서클에 일 년간 몸담았으나 레닌의 전기를 되풀이 읽었을 뿐 자신을 아나키스트로 키워나갔다 샬롬에 적힌 예수의 말이 그의 비애를 지배했다 베드로야 베드로야 너는 얕은 곳에서 많은 고기를 잡을 수 있겠는가 큰 물로 나아가거라 박기철은 자신이 얕은 허무의 물에서 허우적거린다는 사실이 쓸쓸했지만 심전도를 찍고 엑스레이를 읽으며 환자를 보는 바쁜 일정을 보낼 뿐 김형모 씨는 면의 보건 요원과 시답잖은 연애 끝에 결혼을 하고 애를 두었다 어떤 동경이 그를 다시 도시로 내몰았다 김형모 씨에게 배움이나 돈이나 다 허망하고도 진실되게 보였다 김형모 씨는 둘째 애가 생기자 그 알 수 없던 집착을 포기하고 평생 몸담을 직장을 찾아다녔다 박기철은 병동의 회랑을 뚜벅 걷거나 찬물을 마시는 도중 자신이 의사로 남을 것인가 허무주의자로 남을 것인가를 생각했다 그 무렵부터 박기철은 일과 후 술을 찾게 되었고 김형모 씨는 자주 빈혈로 고생을 했다 김형모 씨가 연산석물공장에 몸을 담고부터 안정되었다는 것은 그가 돌을 통해 감정을 표출할 수 있었던 탓이다 돌에 때린 힘과 애정만큼 돌은 힘이나 애정으로 나타났다 돌은 눈물처럼 섬세하더군 김형모 씨는 가끔 아내에게 말했다 그는 과묵해졌고 자신의 꿈이 이런 것이었는지도 모른다고 스스로를 달랬다 박기철은 어떤 간호원으로부터 열애를 받았으나 자신에게 로맨스를 할 분량의 정열이 남아 있지 않다고 믿었다 박기철은 세계를 알기 위해서 세계 밖에 있어야 한다는 경구를 내과학 갈피

에 적었다 김형모 씨는 자신의 확신을 위해서 책을 읽어
나갔다 박기철은 직업성 질환의 폐에 대한 각 영향을 학
위 논문으로 정하고 병실의 차트를 정리했다 그는 의학
논문의 지루한 행간에 김형모 씨를 삽입하고 싶었다 연
산석물공장에 입사한 지 3년 만에 김형모 씨는 심한 호흡
곤란으로 입원했다

얼음시 2

흉곽 엑스레이를 찍었다……나는 얼음의 핏줄 같은 엑스레이 사진의 끝없는 분지를 생각하고 있었고……병의 긴 복도를 뚜벅 걸어가 찬물을 마시고……다시 채혈을 했다……측백 아래로 어둠의 켜가 두껍게 올라오는 것을 보고……맑은 피를 떠올렸다……심전도를 찍고 객담을 뽑아주며 먼 산이 내 골격처럼 우뚝하다고 문득 소스라치고……거울을 닦아 얼굴을 본다……식물채집 같은 수십 장의 내 흉곽 사진은 얼음 사이로 뿌리를 뻗고……살얼음 어는 소리를 듣는다……나는 숨이 차다

얼음시 3
—다산 생각

한밤중[1]에 깨어났다 꿈을 꾸다가, 기침을 하면 늑골까지 얼음이 깔리고 이명의 귀에 바람이 흩어진다 결빙 음은 내가 읽는 요즘의 책[2]에도 있는데 밤의 내륙 땅에서 강진[3]의 앞바다를 떠올린다 백일홍[4]은 봄날이라도 어둡고 초屮[5]의 구절은 마른번개처럼 울린다 돌아보면 그의 땅에는 버린 노래[6]들만 가득한데 청솔가지 유배지[7]의 꿈을 되풀이 꾼다 이월 봄밤, 자전을 펴들고 짚어가는 기민시[8]는 먼 곳으로 띄우는 편지[9]처럼 적막하다 강진의 땅은 누군가 기다리는 것으로도 쓸쓸하고 물소리 울리며 강은 늘 그곳까지 흐른다 내 방의 고요도 내 그리움의 이름들도 차가운 노래[10]로 남녘 말까지 흐른다 지금 내 몸은 새벽 추위에 있고 찬撰[11]의 말들은 이 땅의 역참마다 아침 이슬이나 풀씨로 머물러 있음을 본다 먼바다 이월 해일은 그믐이면 해변 다복솔을 덮칠 것이고 흰 파도 검은 바위[12]는 뒤엉켜 있으리라

1) 다산이 살았던 시대는 영·정의 탕평책 등으로 일시 르네상스가 왔지만 백성들의 형편은 임진·병자 양란 이래로 여전히 곤궁했고 나라는 당쟁으로 어지러웠다. 다산은 왕조 사회의 말기적 현상인 정치·경제·사회의 모순이 극에 달했던 그의 시대에서 그 모순을 극복하기 위하여 필연적으로 제도를 비판하고 새로운 개혁 의지가 있어야 된다고

믿었다.

2) 다산의 저작 시기는 다음과 같이 나누어진다. 1기는 30대까지의 수학기, 득의의 관료 시절이다. 이때는 '논' '소' '격문' 등 단편적이고 과학 기술 관계서가 많다. 2기는 강진 유배 시절로 역학·경학 등의 연구 및 소위 2서 1표인 『목민심서』『흠흠신서』『경세유표』를 남긴다. 3기는 해배 뒤 마재 귀향 후로, 『자찬묘지명』『상서고훈』『매씨서평』 등을 완성한다.

3) 다산의 정신적 결정은 강진 시대에 있다. 그는 여기서 모든 학문에 관심을 기울이며 엄청난 집필력을 보여준다.

4) 무진년 봄(1808년) 다산으로 이사하여 대를 쌓고 연못을 파고 꽃나무를 열지어 심었으며 물을 끌어다가 비류폭포를 만들었다.

5) "가만히 살펴보건대 이 사회에 무엇 하나 병들지 않은 것이 없다. 지금에 와서 이 병을 고치지 않으면 반드시 나라를 망친 뒤에야 고치게 될 것이니 어찌 충신과 열사가 그저 팔짱만 끼고 옆에서 보고만 있을 것인가? […] 이것을 초(艸)라 한 것은 이를 수식하고 윤색하기를 기다리는 것이다."(「방례초본서」, 『경세유표』 중에서)

6) 1794년 10월, 33세에 경기도 암행어사로 목격한 비참하고 부패한 농촌 현실이 사회 개혁 사상을 모색하게 된 결정적 계기가 된다. 이때 유명한 「봉지염찰도적성촌사작기민시」를 남긴다. 농촌의 어려운 형편은 그가 1810년경에 쓴 것으로 짐작되는 「산옹」에서도 여전히 같은 모습으로 나타난다.

7) 1790년, 서산 해미현에 하루 동안 유배.
　1795년, 주문모 신부 입국 사건으로 충청도 금정역 찰방으로 좌천.
　1801년, 신유사옥으로 영일 장기에 유배.
　1801년, 11월에 강진으로 옮긴다.
　1817년, 57세에 해배.

8) 암행어사를 역임한 후 다산은 견딜 수 없는 아픔으로 기민시(飢民詩) 3편을 쓴다. 소능 이가환이 평하길 "격앙되었다가 어세가 갑자기 바뀌고 종횡으로 치솟아 흐른다, […] 완곡하면서도 엄하여 두들겨

패는 듯 꾸짖는 듯하니 죄지을 말은 아니면서도 읽는 사람은 큰 경계
를 삼으리라”했다.

9) “무릇 시의 근본은 부자나 군신, 부부의 인륜을 밝히는 데 있으며
더러는 그 즐거운 뜻을 선양하기도 하며 더러는 그 원망하고 사모함을
도달하게 하는 데 있다. 다음은 세상을 걱정하고 백성들을 긍휼히 여
기며 항상 무력한 사람들을 들어올려주고 가난한 자는 구휼하고 싶어
방황하고 안타까워서 그냥 두지 못하는 그런 간절한 뜻이 있어야 바야
흐로 시가 되는 것이다.”(유배지에서 보낸 편지 중에서)

10) 다산은 시경 305편을 논하길 “시는 간림이다”고 정의했다. 간이라
는 글자는 사간원이니 간쟁 기관이니 하여 봉건시대에 충신이나 열사
는 임금에게, 효자는 아버지에게, 열녀는 남편에게, 진정한 벗 사이는
벗들끼리 상대의 대상에게 잘못을 일깨워 간한다는 뜻에서 유래한다.

11) 다산의 저작을 출간하여 세상에 널리 전하려고 하는 뜻은 이미 다
산 자신의 간곡한 비원이었다. “100년 후를 기다리리라(百世俟可侯)”
고 읊조리며 스스로 아호를 후암이라고 한 것도 여기에 기인한다. 실
제 다산의 책이 출간된 것은 일제하 애국 계몽 운동 및 민족주의 이념
이 고조되고부터였다.

12) “선왕은 예로써 나라를 다스렸다. 그런데 예가 쇠퇴하자 법이라는
명칭이 생겼다. 법은 나라를 다스리는 것도 아니고 백성을 이끄는 것
도 되지 못한다. 천리에 헤아려보아 합당하고 인정에도 화합한 것을
예라면 위협해서 두렵게 하고 핍박하여 비통하게 함으로써 백성을 두
려워하게 하여 감히 범하지 못하게 하는 것을 법이라고 한다.”(『경세
유표』 중)

얼음시 4
―불면증

밤 깊어 눈 덮인 곳의 침엽수들, 새벽을 향해 무너진다 흉곽 엑스레이로 드러나는 허연 나무 뿌리들(깊은 잠만이 폐를 진정시키리) 누군가 병의 귀엣말로 끊임없는 기침과 즐거운 잠들, 거세고 부드럽고, 흙탕물이나 맑은 물살로 인간은 흘러가리라 속삭인다 자정의 물결 지나 뇌리의 수초는 일렁이고 아픈 흉곽 그늘 아래 시간은 고여 있다 불면은 얼음 꺼지는 강, 밤의 어둑어둑한 물결에 가시고기 은고기로 덤비며 지친 물살의 이마를 짚는다 짐승의 땅, 쓰러지는 불인 양 우수수 꽃 이파리 나무 이파리인 양, 새로 세 시의 안팎은 파리하다

얼음시 5
—불

얼음 깎아 빚은
볼록렌즈로
불 지르면
저 가파른 겨울 산들,
타올라
붉은 산 되리

풀베기

풀을 벤다
햇빛은 이렇게 멀리 자라 있어도
지난 가을비는 차갑게
풀잎을 적시고 있다
내 발에 늘 고여 있는 비의 울음
나의 행방 곁에 뿌리 뽑힌 풀이
가을비의 울음에 누워 있다
무언가 베기 위하여
소멸을 위하여 발목까지 자라난
풀을 벤다
집 안팎에 무성한 풀 자리
풀 벤 자리에 남겨진 나의 행방불명
모든 울음도 조용하고
단지 울음 아닌 가을만이 어둡다

풀을 벤다
나의 행방 찾기 위하여
풀의 뿌리에 숨겨진 가을비의 울음
나의 울음 바라보며
새벽꿈마다 술 마신 흔적 있다

밤길

밤길을 걸었다…… 눈이 내리는, 한국 상고사와 지리학 교실 회의주의 낮은 산의 깜깜함으로, 얼음이 깨어지고 얼음의 잇날이 맞물리는 쓸쓸함의 내외로 걸어갔다, 눈 내리는 밤길로, 들판 싸리나무와 바람이 뜯어내는 우울증과 만나며, 꿈에서는 한 번 수은 빛 고갱의 그림 바라보며

성냥개비 불 일으켜 날짜 위에 행방을 긋는다 메말라서 마시는 차가운 물의 느낌, 난분분 눈은 물의 슬픔과 어울리며 또는 연애와 방종과 뒤섞이며

밤길 스치며 새 떼 흩어지고 나는 날짜의 끝으로 걸어갔다, 오오 겨울

겨울비

지난 밤 뿌린 비는
내 가슴 깊이 박힌 대못 적셔
붉디붉은 녹물을 이루더니
생목 꺾이는 소리
가슴팍에 쇠못 치는 소리 섞이는 속으로
안개 돋고 얼음 얼어
온몸이 젖더니,
어느덧 비 울음 끝으로 겨울이 내려왔다
나는 그때 불을 준비하고 있었고

시론

김 형, 언젠가 시를 왜 쓰는가 물었지요 그때 시의 이
유에 대해 부끄러웠는데 김 형의 끝없는 질문 탓입니다
질문을 향해 내 사유와 우수는 기다리고 의지합니다 김
형이 편지를 받을 즈음 나는 죽어서 뜨거운 뼈 한 줌 또
는 한숨으로 강이나 들로 날리겠지요 그렇습니다 내 말
의 은유는 삶을 위한 표현, 그 표현의 뜻을 날카롭게 갈
아보고픈 막막한 그리움뿐입니다 그 그리움을 향하여 온
몸을 눕힙니다 아직 죽고 싶지 않지만 한 번의 호흡마다
치미는 아픔은 참기 어렵군요 처음 시를 쓴 것은 우울에
기대어서였지요 그때 서정시인이 되고 싶었습니다 살아
가는 일은 나로 하여금 시 근처에 떠돌게 합니다 누군가
울고 있는데 그 울음의 바다에 누워보지 않고, 그렇다 하
더라도 깨달음이란 일관되지 않으면 실천하기 어려운데
울음 시를 노래할 수 있을까요 김 형, 이 의문의 암갈 바
다를 떠올려봅니다 내 시들이 겨울의 산굽이나 바라보
는 허공마다 섬섬의 칼날로 서 있다면 이 병의 죽음도 자
각의 시가 되겠지요 김 형, 살아서 마시는 술보다 죽어서
같이하는 술자리가 더한 번뇌인 듯합니다.

어둠

떨어지는 꽃잎 같아요, 어둠을 닦아서 묻어나는 깜깜
함의 내 우수는

어두운 양철 소리를 두들기면서 바람의 피는 깊은 뜰
로 흩어져요

검은 새 울며 물 흐르는 소리, 일년생 풀들이 자라요,
메마른 천둥소리 들려요, 잠속엔 늘 서걱이는 모래와 얼
음, 겨울비가 내려요, 꽃잎은 비애처럼 썩어가요

빗줄기는 휘파람치면서 내 유암한 뜰에 흩어져요

빗줄기는 휘파람치면서 내 유암한 뜰에 흩어져요

풀뽑기

앞마당 덮고 새벽꿈 저녁 어스름 쫓아
뒤숭숭한
땅귀개 달풀……
을 허연 뿌리째 뽑아 던진다
칠월 뜨거운 볕날이
풀의 힘 죽이고 대낮 죽여 고요한 시간
풀쐐기 스치고 풀숲 들끓는데
손아귀에 잡히는 건 풀이나 햇빛,
타는 정적만은 아니다
풀 죽은 몇 무더기 삶,
풀뿌리, 낮은 곳으로 괴로운 곳으로 뻗어
온몸에 돋은 가시풀이나 억새풀도 뽑힌다
쑥부쟁이 가막사리……
는 온전히 뽑히지 않고
으깨지거나 짓물리고 풀물 터진다
상처는 무엇이 씨앗 내려
여름 풀숲처럼 무성하고, 억세지는 걸까
생채기 내는 것은
쑥부쟁이 가막사리……

만은 아닌데
풀을 뽑으면
생채기 위에 생채기 덧나고
한낮 땡볕과 탄식이 덮는다
풀 뽑힌 마당귀, 말간 자리는 며칠 지나
땅귀개 달풀……
삐죽이 싹 밀고 다시 며칠이면
쑥부쟁이 가막사리……
무성하다
마당에 빽빽한 게 어디 풀뿐이랴만,
내 등뒤에 무섭게 자라는 풀숲으로 손아귀 들이밀어
무언가 크고 굵고 으스스한 풀뿌리 잡아,
오금 박고 얼굴 달도록
우두둑 뽑아버렸다

숲 속은 점점 밝아온다

숲 속은 점점 밝아온다 몇 사람이 지나가고 지금 처녀 둘이 서로 봄여름을 이야기하고(그녀들은 삶의 의미를 어디에 두는가) 썩은 나뭇가지가 뚝, 부러지기도 한다(그 나무는 언제부터 죽어가는 것인가) 벌레들이 빵 부스러기에 모여들고(벌레들이 본능적이긴 하지만 삶에 그토록 진지한 이유는 오직 생존 때문인가) 하루살이가 숲 속의 어두운 곳을 지키며 잉잉거린다 정오가 되고 숲 속은 점점 무더워진다 사람들은 점심시간을 죽이기 위해 모여든다(그때까지 은사시나무들은 검은 뿌리 꿈틀거리며 하늘로 올라가고픈 욕망에 잎 전체를 큰 새의 깃털처럼 움직였다) 갑자기 빨간 오토바이가 숲의 욕정과 나태를 찢으며 숲 전체를 허공으로 밀었다 은사시나무가 솟구치고 풀들이 날리고 하루살이도 올랐다가, 나무는 팽개쳐지고(무엇보다 타의로!) 풀잎과 하루살이는 흩어졌다(집단 속성의 그들로서는!) 숲 속은 점점 끓고 있다 개미 떼 사탕 조각을 찾아가고 하루살이는 어두운 곳에서 무더기로 죽기도 한다 사람들은 여기저기 애벌레처럼 흰옷을 입고(금속성의 여름 탓이다) 뭉쳐서 화투를 치고 술을 먹고(괴로움의 술인가) 좀더 깊은 숲 속에선 키스를 하고 꿈틀이는 애인의 몸도

만진다 길이 없는 숲 속은 한낮의 전체가 길이다 벌써 늙은 남자가 방뇨를 하고 뚱뚱한 사내가 아리아 끝 소절을 되풀이하고, 숲은 무모하고 깊이 몸을 연다(그 숲은 점점 밝아온다)

마술의 꿈

한 젊은이가 마술사가 되고 싶었다 그가 마술을 배우기 시작했을 때 늙은 스승이 말했다 기교보다 마음을 익히고 사람의 눈보다 마음을 넘으라 그는 사람의 마음을 넘는 마술사가 되었다 스승이 죽으면서 당부했다 결국 상대의 마음을 가져야 한다 꽃을 피우고 새를 날리는 마술사는 마음의 빈터에서 재주를 부렸다 왕이 그의 이름을 듣고 불러 재주를 보았다 왕이 마술사에게 마술의 비결을 물었다 마술사는 거부했다 마술이 모습을 드러내면 마술이 아닙니다 마술사를 참하고 왕은 마침내 마술의 느·린·동·작을 보았다 그 왕국의 마술은 이제 남아 있지 않다

II. 어두운 날짜를 스쳐서

어두운 날짜를 스쳐서

그해 이월 현동*을 떠났다
도평 거성 눌인 땅 흐르는 개울물 쫓아
살얼음 밟으며 걸어가는데
먼 곳 청둥오리 울음이 무겁다
거성 산마루턱에 오르자 이내 바람이
얼굴 살 가르고
멀리 보현산이 첩첩 적막, 한 잎으로 솟아 있다
썩지 않는 눈부심이란 없다는 편지 띄우고
저잣거리서 국밥을 먹었다
반년간 현동 땅에서 내가 주고받은 편지는
이 겨울 또 다른 추위일 뿐
선산 단풍 숲 아래 도망 온 육신은
무엇으로 쓰러져 있었던가
산그늘 길은 차갑다
텃새 터인 양 되새 떼 잔설 쪼는 산모롱이 따라
눌인 경계로 접었다
사마천은 울분이 뜻을 일으켜 글을 이룬다고 적는데
내가 읽는 부분은 울분이다
굽자란 소나무 삐죽한 굴참나무 사이로

길들은 끝없이 엉켜 돌고 있고
내 생각 흔적은
저 따위 길들에 다름 아닌 것을,
재를 내려서자 진눈깨비 끝나고
산기슭 곳집에서 무명 옷자락 사내들이
조용히 상여와 제구를 챙긴다
길을 물으니 한 중년이 부르튼 손을 들어
먼 산자락을 보여주는데
몇 줄기 햇살이 그쪽으로 따사롭다
아아 산속 겨울 찬물
산 저수지 저녁 햇빛은 부서지고 부서져
끊임없는 화살로 두 눈을 쪼고
다시 물 아래위 좌우 사정없이 쏘아간다, 문득
쇠박새 한 울음이 짧고 아름답다
썩은 낙엽 부스러진 나뭇가지로 불을 피운다
날짜마다 고요 어둠으로 타오르는 불꽃
그 불을 바라보기 위하여 은화식물도감을 생각한다
물그늘 아래 가근假根으로 물 빨고
침엽으로 바람 쐬던 음습한 사람,

어두운 날짜 저 깊은 곳에서
나는 오랫동안 불을 피운 듯하다

* 경북 청송군 현동면. 도평 거성 개일 눌인 창양 인지 마을이 있다.

먼 길 1
―그리움

버릴 것 남길 것 뒤로
물길따라 밀리면,
터진 얼굴 반쪽, 짐승처럼 엎드린 산
마른번개로 잠시잠시 드러나고
생각은
산길 쫓아가는 장대비에 씻기니
산 곳곳 천둥소리
귓속 때리며
땅으로 골짝으로 되울리고
눈 부릅뜨면
유월 패랭이 비름 씀바귀의 아득한 길
끝이 없는데
별빛으로나마
황토 청산 먼 땅 어느 때 이를지, 막막하여라
산굽이 돌면, 그리움조차
절벽인가 살여울인가
길 막혀 맘 맺혀 깜깜하고나
수꾸머리새 짧은 울음
늙은 나무 무너지는 소리

억색臆塞으로 와 닿는데
칠흑의 머리칼 올올이 뒤쫓아
어둔 길,
땅끝에 서면
어느 세월 어느 꿈이
엉겅퀴 쑥꽃 찔레꽃 따위
숨 막히는 비애로 피어나는지, 그럴수록
눈물 길 먼 길
한참이고나,

먼 길 2
― 어머니 울음

이제 비름꽃 소낙비에도 가슴 서늘해지고
물소리 울음소리 고이 들을 수 있네
쉬이 부르던 노래 검은 머리,
돌아보면 흩어지니
한 잎 명아주 싹에도 눈물 마주쳐
어찌 길 떠나지 않으랴
옷 태우고 책 사르고 정든 사람,
한세상 보냈듯
눈물 굴형 쫓아
할미꽃 이승꽃 아롱거리겠지
굽이굽이 붉은 땅 늙은 소나무,
잠들 곳 있으리
물길 따라 누우면
팔다리 여위고
천 리 길 왼통 꽃비 흐드러지니
시월 맨드라미 참하게 울겠네

지는 해 뜨는 달 먼 곳을 보면
낭랑한 목청 맑은 손톱조차

희미하리라

산역꾼들 노랫자락 분명

들 에움길 돌아 들려오는데

앞은 점점 보이질 않네

못물마다 개구리밥 가득하고

여름꽃 마르고, 길은

생시인가 꿈인가 아득아득 널려 있으니

어찌 먼 길 떠나지 않으랴

물소리 따라 누우면

한 줌 기쁨이고 슬픔이고 죄다

살여울로 흘러버리니

몇 십 년의 땅에서도 갈 길 더욱 멀고나

돌아보면 미루나무 머리 풀어 울고

떠나온 길 깜깜한데

홀로 먹는 저녁 밥술 목이 잠기네

먼 길 3
— 아버지의 편지

돌을 깨면 마음은 단단해져 좀처럼 상처나지 않는다
애야, 큰 돌 골라 내리치면 흩어지는 불꽃…… 속에 깜박
이는 율리의 불빛 이월 바람 소리, 모난 돌 잡아 모서리
다듬으면 석삼년 지나도 애옥살이 땅 그리운 눈매들은
더욱 눈부신데, 돌을 쪼개면 마음은 내려앉는다 설레는
쓸개와 빨리 뛰는 피돌기는 찬물에 담그고 정을 바로 세
워, 화강암에 묻혀 흐르는 강이고 산이고 거친 얼굴들 가
늠한다 애야, 밤에는 살얼음 길 걷는 꿈만 어지럽구나 은
비녀 외길로 박새 울음 겹치는데 물 건너 아비가 남긴 율
리의 불빛, 후박나무 우듬지마다 떠 있구나 돌을 때리면
먹장구름 뭉게 피어올라 머리맡은 마냥 깜깜해지고 껍질
벗은 외솔 둥치 잡고 엎드린 늙은 사람, 바람 소리에만
귀 열고 있네

먼 길 4
―병 앞에서

뒷담의 목련 시들어갑니다 흰 꽃이 뚝, 떨어집니다 아
픈 사람의 하루가 다시 묻히고 있습니다

어머니는 부엌에 소금 뿌려 먼 곳으로 달려가고 있습
니다 우수수 눕는 풀잎과 만나는지, 어머니는 모로 쓰러
집니다

설핏한 잠속에 무너져 패인 산을 보았습니다 산에서
나타나시는 아버지, 땅울림으로 오시는 아버지, 석남꽃
그늘로 접어드는 그분의 괴로움도 보았습니다 푸른 산
아래 숨은 길로 다른 많은 이들과 함께 그분은 떠나갔습
니다

물벼락 속에 깨어났습니다 어머니가 찬 수건으로 미
열을 짚었습니다 뒷산 나무들이 쪼개지는 소리 들립니다
어머니, 바람 맞으며 걷고 싶어요

어머니는 마음의 산과 마음의 강 지나갑니다 어머니는
불을 끕니다 아버지와 닿아 있는 별 하나가 어머니 시름
안에서 빛납니다

먼 길 5
—아버지의 나라

아버지는 울고 계셨다 눈물 보이진 않으시지만 사립문에서 뒷뜰까지 너무나 조용했다

석남꽃은 터져 붉은 잇몸 드러내었다 뒷산 나무 베는 소리 들리고 아버지는 머리칼 깊숙이 손가락 쑤셨다

갈치 반찬이 올라간 점심마저 밀어내시고 아버지는 낫을 갈았다 흰 상여가 입타령도 없이 들 너머 묻혔다 서쪽 하늘의 먹장구름 율리를 덮고 낫의 푸른 날은 점점 맑아졌다 율리천 물은 곧 말라 갈라진 강바닥과 죽은 고기를 드러낼 것이다 비린 풀냄새가 났다 무더위와 고요 위에 유월 소나기가 숨가쁘게 지나갔다

흙먼지가 피어올랐다 어머니는 고추밭에 계시는지, 뒷산 벌목장에서 줄을 타고 내려오는 생목 더미의 휘파람 소리가 떠돌았다 한낮인데도 세상은 어두워지고, 온몸 젖으며 아버지, 떠나셨다 어머니는 보릿단 지펴 한 그릇의 쌀밥을 지으시고 남은 불로 방을 덥혔다 집 안에 연기는 빠져나가질 않았다 뒷산 새 울음이 여우비 뚫고 어머니 눈물 근처 여위어갔다

금방 산으로 따라갔어도 아버지는 보이지 않으셨다 산모롱이 흰 길로 햇빛이 눈부시고, 아버지의 나라는 저 햇빛 속인가

입암 땅 긴 세월

……아우에게 이런 편지하는 것도 내키지 않지
만…… 물론 아버지의 참담함을 이해 못 할 것
도 아니다…… 아버지가 잠적하고 일 년간 마을
에서 받은 수모와 굴욕은…… 그분의 우유부단
과 기회주의로 마을 어른 열 분이 공비들로부터
죽창에 찔리고…… 결국 당신으로 인해 어머니
는 매질과 홧병으로 어린 나를 추스렸네…… 사
이공에서 형이 쓴다

자양에서 입암까지 사십 리 길
내내 걸었습니다
입암 근처 산길조차 가풀막지면서
잔설 날리고
멀리 큰 재 아래 갈래 길은
바람결 따라 뻗는데, 떠나온 길로
산판 트럭이 자주 지나갑니다
산 한 켠에 침엽수 베어 넘기는 소리
껄껄 웃는 소리 휘파람 소리
길게 자빠지는데
이월 한기는 뼈를 저밉니다
마른 자양천이 서너 마장 이어지다가

끝나는 땅, 얼어붙은 미루나무 사이
저녁 이내 자욱한
입암 마을이 보입니다

종형의 삭신은 이미 옹글었습니다 병들고 지친 사람
의 몸피로 나를 외면하더군요 짧은 저녁 햇발은 금방 끝
나 늙은 감나무 후려치는 구암산 바람만이 쩡쩡할 뿐, 언
제나 결기 돋은 목소리 지키던 냉랭한 사람이 일 년 병치
레로 이렇듯 허물어지다니 목화같이 센 머리칼과 삭정이
팔다리 보며 나는 뒷산 억새 숲이 와라락 우는 소리 들었
습니다

    ……아버지를 증오하면서 어느 땐 그분의 기억을 죄다
뇌수로부터 들어내고픈 심정이다
    ……어머니의 죽음도 나를 괴롭혔지만
    ……푸른 죽창의 섬뜩한 날[刃]은 슬픔으로 자랐네
    ……한 번 아버지가 소식을 보냈지
    ……스스로조차 미웠다
    ……잊어버릴 수도 있네만

……아버지의 피가 내 몸속에 흐른다는 두려움, 그 아
비에 그 자식이라는 한탄…… 전쟁의 땅, 월남에 간 것도
어둠의 마을을 잊거나 피의 뜻을 더 새기고픈 탓이지
　……얼음 속 화톳불처럼 내 몸은 식었다가도 금방 이
글거린다

　눈 부상으로 제대 후 종형은 처가 고향인 입암으로 떠
나버렸습니다 어쩌다 찾아보는 종형은 울분을 무지렁이
농투성이짓으로 삭여나가는 듯 밤에는 늘 육자배기 경
기잡가 따위에 귀 열거나 는개 철철 내리는 들 에움길 돌
아오거나 멀리 보현산 쪽을 외눈박이로 말없이 바라보곤
했지요 그 무렵 숙부님이 이십 년 상거로 돌아왔습니다
어디서 자신을 학대했는지 폐결핵을 묻힌 숙부의 온몸에
는 역마살 티가 역력했고 얼핏 목도꾼이나 도부장수 노
구쟁이 허렁뱅이 한세월에 목숨을 흘려버린 듯했습니다
숙부는 육 개월 더 골골거리다 한 됫박 피를 쏟고 숨을
거두었는데 그동안 나는 입암을 열댓 번 찾아다녔습니다
종형은 숙부의 장례 때도 안 보였는데 보현산 숙모의 묘
옆자락 쓰는 것도 고개 젓고 나중엔 어딘가 떠나버려 코

빼기도 비치지 않더군요

입암 겨울은 햇빛 고른 낮 동안이지만
따사롭습니다
다랑이논에 등 굽은 황소 몰고 얼갈이하는
들일 널리고 마른 잔디 사이 가끔 파리한 풀잎 속 보입
니다
우수 지나 종형과
술상을 마주했습니다
이월 끝머리에 싸리울 따라
문득 새순 돋우는 산수유 보며
종형이 숙부님의 이장을 말하더군요
삽짝 너머 청송 가는 길로
시외버스 떠나고
자양천 얼음장은 이제 녹는지
내가 사람 사는 일에 길눈 틔운 이래,
종형이 나직이 운 띄우는데
죽음과 삶이 다르지 않아,
스스로의 용서나 증오가 부질없다고 끝맺었습니다

　종형이 숙부님의 이장을 생각한 것은 오래전으로 보입니다 그 절차와 비용 날짜까지 세세히 말하고 얼추 십 년 안쪽이라 완전히 육탈되진 않았을 것이니 맞춤한 춘양목 관을 부탁하더군요 그리고 멍하니 기와집 꼴 보현산을 바라봅니다 저 묵묵부답의 보현산이야말로 종형의 한 평생을 가둔 천라지망이 아닌지 만상 고요한 밤, 산을 바라보며 얼굴색 변해가던 종형의 한때 어둠을 떠올립니다 고통에 침잠하다가 응어리에 울대 돋우고 다시 자학으로 이어가던, 스스로의 꿈조차 꾸어보지 못했던 한 남자의 필생이 저 첩첩 적막 보현산 어딘가 바윗덩이로 박혀 있습니다 숙부님이 돌아가시기 전 한 달간의 거식증을 말하자 종형은 미간을 모으고 끙하니 오금을 사렸습니다

　자양 땅 숙부님 묘에 파묘제를 지낸 것은 삼월 경칩이었습니다 흙이 좋질 않아 몇 번이나 혀를 차던 산역꾼들의 말마따나 시신은 육탈은 고사하고 추깃물 자락에 감겨 어렵게 새로 염을 해서 관에 거두었습니다 보현산으로 옮겨 평토제가 끝난 것은 그날 해가 완전히 꼭지 떨어

져서지요 종형은 사나흘 전부터 굴신 못 할 정도로 부기
올라 꼼짝할 수 없었습니다 추리해진 몰골로 그는 한숨
쉬었습니다

    닷새 지나 종형은 나와 함께
    산으로 갔습니다
    낮은 울음으로 흐느끼는 그 깊은 속내가
    울울한 잡목 숲에 고이고 멧새 떼 산중에
    종형은 한없이 엎드린 채입니다
    이제 그는
    좀 자유로웠으면 생각되지만
    아픔은 아마 종형이 끝 모르게
    울고 삭였으므로 자양천이 금호강으로 다시 낙동강
지나
    남쪽 바다로 사철 흐르는 양
    흘렀는지도 모릅니다
    물방울 되돌아내리는 비처럼
    보현산 어둠도 떠돌 것인데
    종형은 어디서 어둠에 묻힐지,
    저녁 이내 자욱한 산골짜기 햇살은 더욱 짧은데

III. 섬

섬 1
―편지

아우로부터 편지가 왔다
고등 2년 때 가출한 그를 찾으러
갈꽃 피는 여수 남쪽 섬을 간 적이 있었다
흙바람 가득한 섬은 아우의 행방보다 더 나를
사로잡았고
지금도 그를 보면
흙바람 같다
아우는 밤에 홀로
사고한다고 썼다
그리고 편지 끝에 원서 비용으로
6만 원의 돈이 필요하다고 부기했다
나는 시골 관청의 8급 주사보이고
점심은 사무실에서 시켜 먹고 화투를 쳤고 가끔
여자들이 도시에서 찾아왔다
밤에는 그러나 혼자 잠들고팠다
안개는 무시로 깔려 와,
내 기관지는 자주자주 다치더니
나는 며칠의 병가를 내고 버스를 탔다
아우는 지방대학의

철학과와 신축 도서관에 묻혀 지냈다
어느 날 그의 흙바람 내 나는 서랍을 뒤져보았다
스스로 고독한 차르라 칭한 아우의 비망록,
악필이었던 글씨는 여전했고
끝없는 단상과 부호 같은 일기
반년 전부터 복용하는
아이나와 에탐부톨이 칼로 자른 넋처럼
하얗게 빛났다
결재 파일과 대차대조표를 뒤적이다가
봉화 영양 안동 예천으로 출장을 떠나며
나는 혼자일 때는 머나먼 섬까지의 배 시간을 베끼고
문득문득 아우가 보낸 편지가 왔다
아우는 회의주의 학파의 색인을 정리하고
나는 시를 쓰다 관두다 했다
사흘마다 숙직실에서 밤을 새웠다
유리창은 늘 두껍게 서리 끼고
연탄가스는 조금조금 스몄다
아침이면 퉁퉁 부은 얼굴로 출근 도장을 찍고
1,300원의 숙직비로 점심을 때우거나

겨울 문예지를 샀다

아우는 19세기 러시아 지성사를 번역해갔다

나는 섬의 외로움으로 깊어진 밤에

이윽고 술을 마실 뿐

아우는 읽던 책을 건네준다

나는 사람과 싸우며 며칠을 끙끙거리고

아우는 아침마다 스터디 그룹에 나갔다

아우로부터 편지가 왔다

밤에 스피노자*를 읽으면

집 근처 신기료 사내는 마치

우리들 보행의 자유를 위해 신발을 고치는

도시의 스피노자처럼 보인다고 적었다

편지 끝에 비트겐슈타인의 논리를 위해

돈이 필요하다고 부기했다

나는 싸늘한 숙직실 유리창에

서리 흔적으로 섬이라고 써보았다

* 스피노자는 생계를 위해 렌즈를 갈았다.

섬 2
— 병

아우는 긴 괴로움 사이로 눈물을 밀어놓았다 새벽 물빛 같은 투명한 손바닥을 잡았을 때 내 정신은 오랜 기침처럼 무거웠다 아우의 밝은 귀는 알았을 것이다, 그의 편지 행간에 기대었던 내 쓸쓸함을, 어제 내린 겨울비는 병실을 흐리게 하더니 알코올과 섞여 납 냄새를 피웠다 죽음은 아우의 얼굴에는 없고 시간을 지키는 내 슬픔에 있을 뿐 그는 차가운 바깥을 보며 무엇을 떠올렸을까 번쩍이는 물굽이 사이에서 피어나는 안개인가 섬의 외로움인가 아우는 돌아누웠고 나는 담당 의사를 만나러 갔다 우리를 베어오던 날카로운 메스는 아우의 상처를 가로질러 회랑에 긴 그림자를 남겼다 고통의 처음이 섬광처럼 파고들 때 아우는 어떤 하느님께 매달릴까 구랍 신문을 보거나 커피를 마시며 병의 밤은 지나간다 지난 시절 그의 허무를 거쳐 나오던 이념의 밤과는 다르게

섬 3
—죽은 사람

무거운 청동 소리 사이로 아우는 떨어져갔다

누군가 작은 술잔의 소주를 마신다

이제 죽음은 눈 덮인 숲 하나로 남아 있다

어두운 날짜 근처 연기는 아득하고

아우는 이윽고 한 줌 뼛가루로 뜨거워질 것이다

　그의 번뇌 또한 깊어져서 살아 있는 자의 미간에 떠오
르고

지척지간 죽은 그가 서 있다

단애

당신은 어느 산으로 떠났습니까 푸른 산들은 첩첩, 당신 마음을 쓰라리게 할 뿐, 당신이 바라본 벼랑가에 안개꽃 가득 피어 비린 냄새를 날립니다 찬비가 산을 적시면 나뭇잎에서 올라오는 안개는 당신을 묻어버립니다 폭우 쏟고 낯선 바람이 심하게 불었습니다 그 산의 늙은 나무들 모조리 쓰러졌습니다 당신이 사라진 후 어둔 산 구석구석 깊이 베어져 붉은 단애가 자욱한 안개로부터 치솟는 것을 보았습니다

김 형을 찾아서

김 형의 마지막 날짜는 동해 일산 아래서 끊어졌습니다 일산의 동쪽은 끝없는 파도와 맞부딪쳐 검은 바윗덩이만 남아 있습니다 그가 남긴 글에는…… 일산은 붉다 돋는 해의 금빛에도 물들지 않고 산은 황토 흙이다 이 먼지 나는 붉은 땅 아래 누워 잠들고 싶다 잠깐이면 침엽수림은 울울하고 내 육신은 고운 흙이나 물과 뒤섞이겠지 그러나 산은 너무 춥구나…… 지금 산의 서쪽은 온통 어린 소나무로 가득합니다 김 형이 붉은 뼈라고 이름 했던 산은 잠깐 뿌린 빗속에서 푸르게 솟아 있습니다

여름 산의 일박

괴로움 치솟아 산이고 물입니다
여름날 낮아 먹장 숲에 묻힌 듯
천둥소리 내내
지척으로 울립니다
작약 흰 꽃 꺾어
여울지어 흘러가봅니다
우는 이도 있고 아픈 이도 만나는데
사람의 앞날은
깊은 산 푸른 물 어디 잠겨 있는지
살여울마다
쏙독새 간헐 울음 쪽으로 달려갑니다
머리맡은 폭풍 속
어린 나뭇잎 흩어져 있습니다
봉두난발 비안개에 갇혀
젖은 불 지피면 이 세상 중심으로
몰려오는 저문 산의 정적과 짐승들
빗줄기 끝없이 전율합니다
지쳐 쓰러진 몸피에
번갯불 스칩니다

살여울 물소리는
피칠갑한 황토 산 지나
아, 하며
육신의 마른 꽃대궁으로 빨려 옵니다

이월을 향하여

기다리던 버스는 아직 오지 않습니다 중리 가는 길로
높바람과 파리한 얼굴들의 마음이 먼저 떠납니다 오후
늦도록 뿌린 눈발이 다시 굵어져 산과 들의 속내는 아마
무심하리라 여겨집니다…… 김 형은 파리한 얼굴로 나를
채근합니다 꿈은 이제 묻어버리는 거요 얼음 깔린 무논
을 바라봅니다 파릇한 보리 이삭처럼 나의 뜻은 이월 어
딘가 묻혀 있습니다 빠른 바람에 휩쓸려 이리저리 드러
눕는 하루를 생각합니다…… 맑은 소주 비우면 잉잉 우
는 얼음장 아래 괴로운 물소리, 눈 쌓여 숨죽인 나무 안
눈시울에 닿아 있는 새순…… 굳은 김 형의 옆얼굴을 바
라봅니다 강하고 급한 하관에는 그러나 겨울이 지나가
고 있습니다 불타는 눈매의 김 형은 푸른 선인장이었는
데 지금 그는 거칠고 어두운 낯빛으로 시간의 안팎을 응
시합니다 산과 들은 눈 덮여 짐승의 굽은 뼈마디처럼 보
입니다 이월은 무엇이고 다가오는 세월은 무슨 의미인지
요, 골짜기는 휘몰아치는 바람과 눈발로 설렙니다

강

세상 가운데로 흐른다
꽃은 비름풀 따위에도 촘촘히 피어
물소리 내고
마음은 들끓고 있다
멀고 가까운 산은
베옷 자락처럼 깊은 병처럼 눈물처럼 연기처럼
맑은 날 치솟아
어디서나 강은 늘 시작하고,

길이고 삶이고 깊어져
시퍼런 강물인데도
나는 다시 굽이쳐 흘러간다
세상 비밀 속으로, 여름날
일제히 번쩍이는 내 앞의 나뭇잎 속
무성하고 고요한 강물 안으로,

겨울밤

강변, 추운 곳에서 불을 피웠다
낮은 산과 땅 그림자가
흔들리고 불가의 사람들은
어둡다
시린 소주를 한잔 입에 털며
박 씨는 딸의 혼사를 헤아리고
젊은 이 군은 오늘내일하는 노인의 장례에
근조등을 걸 건가를 곱씹는데
잔기침을 하며 최 씨는 그의 어깨를 종일 짓누른
돌의 무게를 굽은 척추로 옮긴다
생목을 삼키며 불꽃은 다시 기세 좋다
십장인 김 씨가 전표를 헤아려
말없이 건네준다
물 흐르는 곳까지 어둠은 퍼지고
이제 깜깜한 불빛 속에 갇혀
몇 장의 전표를 확인하며
우리들은 물소리를 듣는다
비행기가 길게 산을 가로질러 날으는데
아무도 떠나지 않고

오늘 팔이 부러진 이 씨를 생각한다
돌아가도 집은 멀고 식구들은
곤히 잠잘 것이니, 누구도 가질 않고
퍼런 입술로 담배를 빨며
내일 파헤칠 언 땅을 바라본다
흙바람과 최 씨의 기침 사이로
어깨는 무겁고
등판은 집게벌레처럼 딱딱하다
문득 남은 술잔을 비우며
김 씨가 병원에 같이 가보세
중얼거리듯 말하는데, 우리들은
아무도 움직이질 않고 서로 바라보고
밤 열차가 산굽이서
짐승처럼 헐떡이며 달려나왔다

오늘

오늘을 이렇게 적을 수도 있다, 아키노사건증인넷실종
소련아프가니스탄카불폭격 폴란드자유노조태업취소 마
피아단대부9명체포 3·1절특집잃어버린이름방영 고숙종
무죄판결 김지하명예박사학위취득 중공심천에화폐발행
달러급강세, 그리고 오늘 신문의 정치와 경제 사이로 바
람은 낮달처럼 머물고

책을 덮고 척추의 아픔을 더듬다가, 오늘 앞산을 바라
보면 내 몸의 뼈 서너 자루로 잔설이 흩어져 있다

그리고 오늘 쓸쓸한 명사들로 채울 수 있다, 문득떠오
르는새벽 빗소리사이의노래 겨울남행 역동적상상력 말
의끝, 정신의 수초처럼 그 말들은 아름답다, 허무의 몇 세
기 동안 담금질쳐서 오늘 하루에 찍히는 말

잠들기 전에 우리는 몇 십 리를 걸어야 한다,* 몇 십 리
를 걸어 나는 실내악 몇 소절로 고일 수도 있다, 끝없는
비망록을 작성할 수도 있다, 오늘

* 로버트 프루스트의 「눈 내리는 저녁 숲가에 서서」의 인용.

적막한 사람

김 형으로부터 편지가 왔다
그가 그림에 기대어 모든 걸 작파하고
섬으로 떠날 때
나는 여전히 시골에 있었다
아니다, 가끔 이곳에도
안개는 휘감겨와
섬처럼 쓸쓸하고도 달콤한 꿈을 엿보이곤 했다
김 형은 이를테면 스스로 하나의 섬이 되고자
남행을 이루었으리
편지는
자기를 완전히 적시는 비,
자기중심적인 절망, 자기중심적인 기쁨에 넘쳐서
머리맡 백열등은 내내 환하고
늦게 듣는 음악으로 눈 쌓인다
불을 거쳐 온
한 줄기 겨울강 지켜보면
불안의 물이끼, 불면의 고기 떼 모여 있고
오래 김 형의 풍경 일부가 떠내려왔다
밤 동안 얼음 꺼지는 소리

늦은 한탄 따위로 목젖 붓고
새벽이면 강의 물소리는 빨라졌다
……떠나온 것이 단순히 그림만 그리고 싶은 것은 아
니었지
……그림은 오히려 눈물 난다
……요즘 은화식물에 빠져 있다
……허무한 식물, 솔이끼 고사리 우드풀 등속의 피어
남이라니
김 형의 적막은 그러나 온몸으로 부서지는
포말인데
조금씩 다치면서 이 뼈마디들
얼음 깨지고 얼음 어는 어두운 소리에 끼여 있다
……섬에서 바다는 쓰라림이고 추억의 트인 벌판이
구나
……바다는 아무것도 보여주지 않고 단지 일망무제로
해서 매일 기막히다, 매일 익사한다
지도를 펴면 섬은 밤마다 치솟고
섬의 물길 가운데 해일로 일어나는
그리움과 쓸쓸함 겹쳐

나는 몇 권의 책을 새로 읽어나갔다
밤길 걸어오면 끝없는 길가 나무들
일제히 등 굽혀
울부짖는다
물소리 급하고 꽃샘추위 시작할 때
동백 서너 송이 벙글었다, 편지는
자기를 돌아보는 적막한 사람의
어둔 향기와 그늘로 가득한데

IV. 누란에의 기억

수련의 날짜 1

물살이 내 귓속으로부터 밝아져 눈이나 입 코로 차가운 못물 넘치고 어두운 주홍의 노을까지 수련은 물의 생명 근처 기웃거립니다…… 오늘 꽃 필 무렵 상여 나갔습니다 상여꾼의 앞소리 뒷소리로도 수련은 조금조금 열립니다…… 물은 두근거리며 쓸쓸함의 비밀로 세계의 가운데로 흐르며 불 켜고…… 못물은 수련 필 때 기다려 밤부터 새벽까지 뒤채고 신음하고 피 흘렸는지 모르는데 이 고요한 수련이라니…… 수련, 희고 붉은 꽃잎마다 뚝뚝 묻어나는 물이나 불은 새벽의 참빗이 훑어내린 재 같은데 이 고요한 수련 또는 폭풍은!

수련의 날짜 2

한밤중 몇 십 년의 비로 귀밑거리 적시고도 물은 아직 어둠 안에 넘쳐 있으니…… 물소리 철벅이고 누군가 한숨 지으며 밤의 못가를 다녀갑니다…… 날 밝기 전 예리성曳履聲은 풀숲의 이슬로 맺히는데 물가, 스산하고 두려운 기미는 넓고 깊어져 희고 붉은 수련에 배여…… 맑은 날 아침 못 바닥 물은 저 혼자 들끓고 소용돌이칩니다

수련의 날짜 3

물 같은 칼날이 고요 시간 속으로 돋으면 수련 허망한
뿌리는 울부짖는 밤 깊이 뻗어갑니다…… 모든 죽음 위
에 물풀이나 타버린 재 따위 널리고 흐린 물의 안팎……
수련 피고 져서 물 아래 기대면 노을이나 탄식을 거쳐온
핏방울처럼 슬픔은 스밉니다…… 그대의 모든 이름은 수
련 희고 붉은 꽃잎에도 몸져 새벽길 서리 덮이면 들끓는
그리움은, 차가운 바다 허연 해일로 떠오를 것인데……
수련 죄다 흩어지고 그리움은, 짐승 우짖는 소리로 깊은
산 너른 들에 깔립니다

고요에 대하여

72

어느 때, 뒤뜰의 가득한 적요를 할퀴고 가시 굴헝 삼키
던 불타는 소리…… 내 살이나 뼛속에 숨은 유황 내음 피
내음 쫓아 기척 없이 숨었다가 새벽 만조를 덮는 새 떼의
깃털이란 깃털은 다 사르고 커다란 탄식으로 내 번뇌를
불지르는 고요 불더미 속…… 나는 푸른 칼 상한 날짜에
휩싸여 떠돕니다

물

청산 어둠이나
꽃 피는 소리, 만월도 비추인다
슬픔으로 된, 가장 슬픈 것이 와서
달빛 깔고
흐르는 물
의 안팎에는 폭포 쏟아지고
불붙는 영산홍 따위도 피었으니
금은의 소리 내는 별보다 더 빛나는,
병의 한쪽을 감싸고 깊어지는
물의 우레
붉은 영산홍은 저 아래 있어
병 안으로, 물의 울음 속으로 내려가
깜깜한 영산홍 뿌리 껴안으며,

유월엔 앞을 바라볼 수 있으리

불을 바라보며

밖에 등을 걸었다
새벽 집은 어둡고
아궁이,
저 우울의 입구까지
바람은 낮은 기척으로
숨죽인다
쇠솥 가득 강의
찬물을 붓고
불을 지핀다
담배를 피우면
한 등걸 고목이 타오른다
수초 그림자처럼
어두운 집은
주홍으로 흔들리며
귓속은 맑게 틔어온다
새벽 뜰에서
흰 새의 꽁지가 드러난다
한몫의 괴로움으로
끊임없이 새 떼 소리치고

정신은
뜨거워져서 나는,
한 덩이 인화로 떨어져갔다
아궁이 깊은
우울의 바다로

누란에의 기억

땅의 이름은 누란樓蘭이다, 사막 가운데 세월을 거쳐온 강물 흐르고 검은 부리 새들이 종일 탑을 쪼으며 호수는 꿈 같은 푸른 비단을 펼쳤다 사람들은 양을 몰거나 모래 소금을 찾고 은고기를 잡았다 아이는 서쪽의 파미르 고원에 널린 노을 바라보며, 이윽고 늙은이는 굽은 등 펴고 모래에 묻힌다 오랜 바람 짧은 노래는 그 땅의 물이나 소금이다 지는 노을 검은 거울 품으며 여인은 죽어도 지아비의 머리칼에 드러눕는다 죽음은 전쟁과 일식으로도 오지만 누란에서 죽음은 노래가 되는 것, 혹은 독풀을 머금고 사치한 비단을 두를 때 자신은 누란의 운명에 보태어진다는 가열함이 있다 지금 모래 무덤 파면 누란은 호박이나 옛 노래 몇 절로 고여 있다 사람들이 선선鄯善 땅으로 옮긴 뒤 언젠가는 돌아가야 할 땅이란 뜻에서 누란의 슬픔이 있다, 그 땅의 이름은 누란이다

저녁 바다

이 세상에는
백일홍 지고
물은 먼바다에서
내 잠까지 밀려와
가득 찼습니다
나는 잠속 깊이
내려와
맑은 물과 흔들리는 물풀 사이
등을 밝혔습니다
모든 고기 떼
비늘 털며
찾아옵니다
낡은 배들과 죽음조차 돌아와
물을 채웁니다

비 오는 거리를 종종걸음 치는 나 자신은 항상 서글픈 인생이다
── 빗속을 바삐 걷는 남자 · 1948년 · 브론즈 · 45×77×15cm · 자코메티

이월 어느 날 몇 권의 책을 따라가다가 검은 음각의 사내를 만났다 빗속을 걸어가는 야위고 퀭한 사람, 겨울비 질척이는 늦은 밤 다리목에서 창백한 그를 바라본다 담뱃불 빌리며 스치는 그의 손가락은 희고 가는데 나무는 우수수 밤비의 물기를 턴다 때로 안개 돋고 생각은 흐린 수은등에 머문다 그의 미간은 청동처럼 어둡다, 그런 것처럼 다리 위 한등寒燈은 서너 개 불 꺼져 있고 서너 개 깜박거린다 낡은 외투 걸친 사람, 앞산 머리께부터 빗줄기는 바람에 실려 봉두난발의 사내를 후드득 때리는데 굽은 등 보이며 그는 뚜벅 걸어간다 다리 아래 포장집에서 술잔을 앞에 두고, 문득 내가 기다린 사람인가 싶어 그를 쳐다보는데 안주머니서 그가 꺼낸 책의 흰 표지가 선연하다 이곳저곳 몇 줄 읽어나가며 나를 응시하는 그 눈빛의 깊이는 끝없다 밤이 깊어 그의 집에 갔다 커피 마시며, 칙칙한 음악 속으로 전신이 빠지는 늪의 방, 벽에 걸린 몇 점의 그림과 시든 꽃잎 사이로 누군가 비 맞으며 걸어간다 그는 암실로 나를 끌고 간다 인화지에 묻어오는 무수한 흑백은 시간이 마멸되고 남은 절망이다 이것

이 내 콜렉션이야 그가 중얼거리는데 낮은 산과 잔설과
고목과 번쩍이는 호수 여러 갈래 길, 햇빛과 늙은 여자가
스쳐 지나갔다 허무하고 아름답게 사라졌다 새벽에 그의
어둠을 빠져나와 내 추운 방으로 돌아왔다 한없는 갈증
에 찬물 마시고 지쳐 쓰러졌다

그 개의 정신은 앙상함에 있다
—개·1951년·브론즈·45×89×15cm·자코메티

밤마다 청동의 짐승은 제 번뇌 안팎으로 우우, 달려들
어 살을 헤치고 발기고, 피는 안개숲으로 번져, 드러나는
뼈의 섬뜩한…… 흑백 부분…… 속의 달빛…… 밖으로
개는 살의의 수은인가 울음인가 길게 토한다 생각하면
그 개의 정신은 앙상함에 있다
　몸과 적막 사이 피와 살 흩어지고 맑은 이마 위, 미열
과 서리 덮이는 시간, 강 건너 어스름 땅으로 개는 불타
는 홍채의 눈매인 채 떠나고 세월은 늘 빗방울 소리로 깨
어나는 새벽인데

고양이 키우기
— 고양이 · 1951년 · 브론즈 · 29×80.5×13.5 · 자코메티

고양이가 내 몸속에 들어왔다 푸른 눈동자 굴리며 내가 읽어가는 책갈피 기웃거리고 내 새벽길의 기미를 살피다가 고양이는 밤이면 어딘가 다녀왔다 놈은 어떻게 나를 노렸는지…… 흐리거나 비 오면 놈은 뼛속까지 제 영혼을 비비는 것이다 놈을 품은 채 나는 사표를 내고 집 구석에 박혀 두렵고 지겨운 싸움을 벌여야 했다 사람들은 수군대고, 놈의 사냥을 위해 쥐구멍을 지키고! 동공이 확대되고 비린 것에 자주 입맛이 돋는 소름 끼치는 나날 속에서 놈은 무엇을 음모하고 있는가? 내 몸뚱어릴 제가 완전히 차지하고 나를 고양이로 만들려는 낌새! 내가 고양이가 된다면…… 영혼조차 고양이가 되어 날렵하고 부드럽고 암팡스럽다면, 신비스럽고 응시적이고 성자적이라면, 하나 영혼은 두고 육신만 고양이가 된다면 어느 날 아침 내가 마녀의 눈과 검은 털에 덮여 잠을 깬다면…… 이제 놈을 죽이거나 추방해야 할 필사의 덫에 갇힌 것이다 심연의 한쪽에서는 고양이가 되고픈, 봄날 햇빛 아래 고양이털로 부패한 영혼과 육체를 녹이고픈, 숨은 발톱과 꿈틀거리는 잔등이 자라고 있으니 격렬한 욕정 짓밟고 싶은 야만 오수의 목마름이 두려움과 부딪쳤다 이 전율할 고양이!

나는 그 사람의 흔적으로 떠돌았다
— 디아고 · 1960년 · 브론즈 · 38×33cm · 자코메티

당신의 모습 한 번 더 볼 수 있으면, 어제는 종일 비 오
고 나는 산을 헤매었습니다 당신 뒷모습이 어디에나 있
을 듯하여 바위 넘고 즐비한 가문비나무 사이를 지나갔
습니다 물소리 따라 폭포도 만나고 마침내 당신 흔적의
냇가 움집도 찾았습니다 그 구석에 널린 수십 개 흙의
DEAD MASK!

나는 불면의 잠을 청했습니다 당신이 꿈속에 수없이
지나가고 마른번개와 땅울림이 내 몸을 때렸습니다 부드
러운 흙의 슬픔을 달래면서 당신이 빚은 여윈 얼굴들의
기억을 더듬어갑니다 어느 곳엔가 연기 피어올랐습니다
짐승 울음소리 들립니다 당신이 삭인 괴로움, 당신의 그
리움인 옛 얼굴이 슬픈 움집 구석에서 일그러지고 탄식
하고 즐거워하고…… 침묵에 잠겨 있습니다

청동 얼굴

―지주 위의 남자 얼굴·1947년·석고 채색·61cm·자코메티

청동 구울 돈이 없어서 그냥 석고에 붉은 채색을 입힌 얼굴,* 삶과 죽음이 뒤섞인 얼굴을 보았다. 수백만 사람의 얼굴이 겹쳐서 청동보다 더 무겁고 어두운…… 얼굴, 우리는 정글 같은 지하 아트리에에서, 구토 아래, 수세기 아래, 술을 마셨다

* 콩고 강 전투에서 그 해골 같은 사내를 처음 만났다. 흰 궐련을 줄이어 피우며 밤에는 위스키를 털어야 잠드는 사내. 그와 정찰조가 되어 정글을 헤매기도 했다. 방울뱀에 물린 그의 허벅지를 째고 독을 빨았을 때 자신을 셈족이라고 밝혔다. 그가 중기관총을 그어 표적을 날릴 때의 절망과 노여움의 시선! 우리는 의미 없는 전쟁을 온몸으로 받았다. 용병의 삶이 그렇듯 그는 돈에 집착하고 인간과 꿈에 증오했다. 열 번의 전투가 반년의 아프리카 시간을 지탱했다. 방탄복과 달빛, 말라리아와 용수림에 미련 없이 나는 떠나왔다. 그는 어느 전투에선가 행방불명되었다. 팔레스타인 사내의 유품은 미화 2,000불 목제 조각 팔레스타인 사…… 몇 년 지나 파리에서 살아 있는 그를 만났다. 다리 절뚝이며 조각 수업을 한다는, 그의 지하 방에서 나는 보일러 소리와 무더위와 진흙 위의, 소리 나는 얼굴 조각을 보았다.

V. 지귀의 노래

지귀*의 노래 1

흐리고 흐린 몸짓뿐인 불이로다
칼산과 칼 숲을 더듬으며
여왕의 혼만을 바라보고 있음
천한 사내의 몇 겹 목소리에
천년이 미친 척 눈물 밀어도
가장 적은 욕정조차 빛나고 있네
흐린 불 끝에 너무 오래된 사랑 반편을 딛고
길길이 쓰러져 무너져
사내의 육신은
불의 혀, 불의 심장
차라리 불의 저승이나 꿈꾸며
낄낄낄낄 정답게 취할 일이지
늘 습기 찬 몽유,
흐리고 흐린 센티멘털 불이로다

* 志鬼:『삼국유사』권 제5 「의해(義解)」제5, 이혜동진(二惠同盡).

지귀의 노래 2

사내여, 가볍고 투명한 잠에
지워지고 지워지는 어둠
웃다 웃다 피시시 꺼지는 흐린 네 얼굴에
맺혀 뚝뚝 아픈 말,
네 사랑의 앞에서도
비 젖은 잡풀만 몸 버려 있고
네 사랑의 모래 속에서도
모래 같은 시간만 비웃음 보이며
하나하나 살아 아픈 말, 아픈
노래만 길게 누워 있지
노래로
반딧불에서 별빛까지 꿈꾸고 있을 뿐
네 울음은 두 박 세 박 리듬의
젖은 목소리로 천년 만년을 짚어가고 있었어
다시 불빛으로 너 사라지고
오래 말없이
오, 귀신 같은 불이 될 건가

비촌 배경 鄙村背景

　우리 마을의 배경에는 황토산 둘 마주 있었지 이 산의 뻐꾸기 꾸르르 울고 저 산에 가서 새끼를 낳았어 뻐꾸기 새끼들, 제가 난 곳을 늘 이 산으로 알고 이 산의 철쭉이나 물푸레나무 위하여 꾸르르 지절거렸지 어쩌다 이 산과 저 산을 착각하고 저 산에서 꾸르르 우는 뻐꾸기도 말하자면 엉터리 같은 놈이지 저 산의 어디 어디 푸른 기운이 물을 거느리고 쪼르르 흘러가는 소리에 혹해 그만 엉터리 같은 짓을 했지만 산 뒤척이는 소리에 겹쳐 햇빛 속에 떠다니는 엉터리 같은 뻐꾸기 울음은 얼마나 정다운지 몰라 사실 이 산의 큰 소리 저 산의 작은 울림이 겹치는 우리 집 대청에도 뻐꾸기 울음은 날아들었으니 아버지 어머니 심중에는 무슨 골짜기가 널려 있었을까 나도 만삭이 된 암소를 몰고 이 산 저 산 철쭉인지 물푸레인지 모를 나뭇가지를 꺾었고 이 산 저 산 물맛을 가릴 줄 몰랐지

　어린 날 우리 마을의 뒤쪽에는 낮은 산 둘 마주서서 엉터리 같은 뻐꾸기와 엉터리 같은 사람들 몇몇 춘향전을 읊고 엉터리같이 천년을 살아왔지

정읍*의 여자

부처님 근처 눈 보인 달이 서러운가

서럽다면 서럽다면 마음 자리, 저자 바닥에
물결 일거나, 그러고도 치마폭에 흥건한
환장할 듯 환장할 듯 지아비 얼굴은 괴로운
……꽃잎

비로소 마음은 머리 손질한 일로도 그믐달 아래 지친
눈물 몇이다가 산노래 물소리에 홀린 섬섬옥수라
달빛은 자지러지는 눈물이기도 하지만
사내 옷고름 하나로도 열 달은 시종 앓는 사랑이여

높은 스님의 흰 눈매에는 웃음도 노래도 순순하다만
그믐달은 무슨 이유로 파! 하고
꽃잎이 무시로 떨어지는 못물에 눕고 있는지
어찌해 그 마음 시방 그믐달에
엿보이고 속살 뜯기고 있는지

……어찌해 그런가,

……어찌해 그런가,

* 井邑:『악학궤범』권5.

월명* 누이

큰스님 울음에 취해
법고 소리 법고 소리…… 그 소리에
사흘 밤 사흘 낮 씻기어 쥐방울나무
쬐그만 그늘같이 정결히 닦여
산 어디 푸른 잠일까, 시퍼런 댓잎 함께
훨훨훨 승천하던 누이 누이 누이

한 누이는 남자를 사랑하다
겨울에 맺히는 동백으로 돌아오고
한 누이는 남자를 사랑하다
풀잎으로 흩어지고
한 누이는 한 누이는 한 누이는
저마다 제 불씨를 지니고 묻히다가
먹빛 울음에 겨워,
햇빛 더불어 떠다니네

바람 첩첩 너울 속에, 큰 소리 웃음 속에
월명사 선방을 두드리며 한 사내와
금방 헤어진 누이 누이로

천지 환해지네

* 月明:『삼국유사』권 제5,「감통(感通)」제7, 월명사(月明師).

타인의 운명에 보태기

정과리
(문학평론가)

죽음은 전쟁과 일식으로도 오지만 누란에서 죽음은 노
래가 되는 것, 혹은 독풀을 머금고 사치한 비단을 두를 때
자신은 누란의 운명에 보태어진다는 가열함이 있다(p. 76)

두 가지 점이 눈길을 끈다. 타인을 향해 있다는 것;
정서를 자연 묘사로 치환시키고 있다는 것.

1. 송재학의 시들은 타인에 대한 기록과 회상, 타인
에게 띄우는 서신 등으로 넘쳐흐른다. 그 타인은 2인칭
혹은 3인칭 단수이다. 시집의 앞에서 뒤로 가는 동안,
그 타인은 세 가지 유형으로 나뉘어 바뀐다. 생활이나
역사에서 만나고 읽는 사람들('김형모 씨' '다산' '사마
천' 등)에서, 지기나 친족들('김 형', 아버지·어머니·아
우·종형)로, 다시 설화나 그림 속의 인물들(자코메티 그

림의 남자나 동물들, '지귀' '정읍의 여자' '월명 누이')로. 이 세 유형 중 가장 넓은 자리를 차지하고 있는 것은 가운데 묶음, 즉 지기나 친족들을 향한 시편들이다. 이 타인을 향한 시편들 사이로 '나'를 드러내는 시편이 물살처럼 흐른다.

그 타인이 단수라는 것은 그가 세상에서 아주 외로운 존재라는 것은 암시한다. 두번째 묶음의 시편들이 가장 양이 많다는 것은 타인들의 경험이 '나'에게 거의 동질적인 감정을 전해주는 경험이라는 것을 가리킨다. 그 시편들이 사실과 설화의 중앙에 나온다는 것은, 그것이 사실의 사회적 일반성 그리고 설화의 정서적 일반성 각각과 어느 정도 다르고 어느 정도 같으며, 동시에 그 양쪽의 일반성을 매개해주는 역할을 하고 있다는 것을 암시한다. 단수인 타인을 회상하거나 그에게 서신 띄우는 '나'가 또 하나의 단수라는 것은 '나'와 '그' 사이에 세상의 일반적인 관계와는 다른 특별한 관계의 자장이 형성되어 있다는 것을 가리킨다.

송재학 시의 타인들은 세계 외적 성격을 강하게 가지고 있다. 그들은 죽었거나 떠난 자들이다. 한국어 특유의 관용어법으로 말하자면, 그들은 세상을 등진 자들이다. 그 세상 버림은 타의적이며, 동시에 자의적이다. "잡일을 하면서 모은 돈으로 대학에 가려고 발버둥쳤으나 솜 공장에서 얻은 폐결핵으로 귀향하고"(p. 10) 만 김형모 씨, "유배지"의 "다산"(p. 14), 무슨 이유인지 모르나 법(율리)의 불빛을 남기고 "물 건너"(p. 38) 간, 혹은 산으로 떠나간(p. 40) '아버지', "떠나온 것이 단순히 그림만 그리고 싶은 것은 아니었지"(p. 64)라고 말하는 '김 형' 등등은 모두 세상을 등질 수밖에 없었던 피치 못할 사정을 가지고 있다. 그들이 세상과 단절하여 자리한 곳이 외로움의 고도라면, 그 "섬에서 바다는 쓰라림이고 추억의 트인 벌판"(p. 64)이다.

타의에 의해 세상을 떠날 수밖에 없다는 것이 우선적으로 야기하는 감정은 울분이다. 그 울분은,

사마천은 울분이 뜻을 일으켜 글을 이룬다고 적는데
내가 읽는 부분은 울분이다 (p. 31)

에서의 '울분', 혹은,

갈치 반찬이 올라간 점심마저 밀어내시고 아버지는 낫을 갈았다(p. 40)

에서 낫 가는 심정을 말하며, 그것은,

스스로의 꿈조차 꾸어보지 못했던 한 남자의 필생이
저 첩첩 적막 보현산 어딘가 바윗덩이로 박혀 있습니다

(p. 45)

에서의 '바윗덩이'로 가슴 깊이 얹힌다. 그러나 바로 이 울분이 타의적 세상 버림을 자의적 세상 떠남으로 만든다. 울분은 뜻을 일으켜 글을 이루게 하고, 낫을 간 아버지는 "한낮인데도 세상은 어두워지고, 온몸 젖으며 아버지 떠"난다. 가슴속의 바윗덩이는 벌써 이 세상에 있지 않고, '저' 첩첩 적막 보현산 어딘가에 박혀 있다. 그들은 어디로 떠나는 것일까.

박기철은 대학에 들어와서 사상 서클에 일 년간 몸담았으나 레닌의 전기를 되풀이 읽었을 뿐 자신을 아나키스트로 키웠나갔다. 샬롬에 적힌 예수의 말이 그의 비애를 지배했다 베드로야 베드로야 너는 얕은 곳에서 많은 고기를 잡을 수 있겠는가 큰 물로 나아가거라 박기철은 자신이 얕은 허무의 물에서 허우적거린다는 사실이 쓸쓸했지만 (p. 10)

이나, "스스로 고독한 차르라 칭한 아우의 비망록"(p. 50), "지난 시절 그의 허무를 거쳐 나오던 이념의 밤"(p. 52), "불타는 눈매의 김 형은 푸른 선인장이었는데"(p. 58), 사마천의 글을 이루게 하는 뜻, 다산의 "기민시"(p. 14), "아비가 남긴 '율리'의 불빛"(p. 38) 등등은 그 떠남의 길이 외로운 이념적 실천의 길임을 가르쳐준다.

　세상 등짐/세상의 대립은, 그렇다면, 이념/생활의 대립의 변용이다. 그 변용은 이념이 이 세상에서 좌절하고 실패했다는 것을 말해준다. "어떤 동경"(p. 11)이 세상에 그것을 내보내지만, 그것은, "사람들 산산이 부서져간 어둠의 켜켜"(p. 9)를 낳았을 뿐이며, "돌아보면 그의 땅에는 버린 노래들만 가득"(p. 14)하다. 좌절된 이념은 허무로서만 존재하고, 허무는 운명이어서, 그것은 썩는 비애를 낳는다("꽃잎은 비애처럼 썩어가요"[p. 23]). 시인이 자주 "율리천 물은 곧 말라 갈라진 강바닥과 죽은 고기를 드러낼 것이다"(p. 40), "아우는 이윽고 한 줌 뼛가루로 뜨거워질 것이다"(p. 53)에서처럼, 도래할 불길한 결과를 예정 어법으로 진술하는 것은 그 때문일 것이다.

　2. 그 타인들에 비해, '나'는 현실에 남는다. 그러나 '나'는 그 타인들의 현실을 등지게 된 삶을 잊지 못한다. '나'는 자신의 일상의 삶에서 결국 "나의 행방불명"(p. 19)을 확인한다. '나'는 그들의 삶을 읽으면서, "울부짖는"(p. 65) 소리를 들으며, 떠나고 싶어 하면서도 떠나지 못하는 자신이 "얕은 허무의 물에서 허우적거린다는 사실"에 "쓸쓸"(p. 10)해하고, "병동의 회랑을 뚜벅 걷거나 찬물을 마시는 도중 자신이 의사로 남을 것인가 허무주의자로 남을 것인가" 주저하다가 "일과 후 술

을 찾게"(p. 11) 된다. 그 얕은 허무의 물을, 그러나, '나'
는 허우적이지만은 않는다. 그는 그것을 넘어서려 한다.
왜냐하면, 얕은 허무의 물에 여전히 머무는 것이 '나'를
끝내 견딜 수 없게 만들기 때문이다. 우선, '나'의 환자
들에게서, 그들의 비극을 보고, 그들의 비극에서 '나'의
비극을 예감한다. 가령, 김형모 씨에게서: 김형모 씨는
"알 수 없던 집착을 포기하고 평생 몸담을 직장을 찾아
다"니다가, "연산석물공장에 몸을 담고부터" "돌을 통
해 감정을 표출할 수 있"다는 것 때문에, "안정되었"는
데, 그러나, "입사한 지 3년 만에 [……] 심한 호흡곤란
으로 입원했다"(p. 12). 김형모 씨의 경우는 현실에서 소
외당하는 사람이 자신의 소외를 대리 충족시켜줄 수 있
는 것을 찾음으로써 현실에 몸담을 수 있는 근거를 마
련하게 된다는 것을 보여주는데, 그 근거가 바로 그의
목숨을 위협하게 된다. 김형모 씨의 그 삶은 주저하다
가 '술을 찾게 된' '나'(시에서는 '박기철 씨')의 삶과 동
형 관계를 이루면서 '나'의 운명을 위태로움 속에 몰아
넣는다. 혹은 다른 환자들에게서: '나'는 환자들의 "심
전도를 찍고 객담을 뽑아주"다가 "먼 산이 내 골격처럼
우뚝하다고 문득 소스라"친다. '먼 산'이 '나'의 무의식
속에서 세상 밖으로 나간 사람들의 행동과 죽음의 자리
라면, '나'는 환자들을 통해 현실의 삶에 그 '먼 산'의
참혹함이 여전히 지워지지 않고 현전해 있다는 것을,

우리의 일상적 삶을 여전히 틀어쥐고 있다는 것을 느끼
고 소스라친다. 그리고 그때, '나'는,

거울을 닦아 얼굴을 본다…… 식물 채집 같은 수십 장
의 내 흉곽 사진은 얼음 사이로 뿌리를 뻗고…… 살얼음
어는 소리를 듣는다 (p. 13)

그리고, "나는 숨이 차다" 질식을 느낀다. 다음, 책읽
기가 타인들의 현실을 내 삶을 전달하고, '나'의 현재의
삶을 비춘다. '다산'을 추억하는 '나'는, 그의 몸이 다산
과 마찬가지로,

새벽 추위에 있고

다산의 예언처럼,

찬撰의 말들은 이 땅의 역참마다 아침 이슬이나 풀씨로
머물러 있음을

보며, 그의 삶 역시,

먼바다 이월 해일은 그믐이면 해변 다복솔을 덮칠 것이고
흰 파도 검은 바위는 뒤엉켜 있으리라 (p. 14)

는 것을 예감한다.

　내 마음의 주저와 방황, 현실 내 소외된 타인들의 운명, 책읽기는 '나'를 현실에서 견딜 수 없게 하는 다원적 결정 요인들이다. 아니, 단지 견딜 수 없게 한다고 말해서는 안 된다. 그것들은 동시에 '나'의 일상을 넘어서려는 노력을 낳는 다원적 결정 요인들이기도 하다. 그 갈등이 노력을 낳을 수 있는 것은 그것들이 말의 바른 의미에서의 다원적 결정 요인, 즉 상호작용하여 서로의 의미를 증폭시키고, 새로운 차원으로의 도약을 가능하게 하는 것이기 때문이다. 내 마음의 주저와 방황은,

　박기철의 직업성 질환의 폐에 대한 각 영향을 학위 논문으로 정하고 병실의 차트를 정리했다 그는 의학 논문의 지루한 행간에 김형모 씨를 삽입하고 싶었다 (p. 12)

에서처럼, 김형모 씨(현실에서 소외된 타인)를 만나, 주저와 방황을 성찰과 정리의 삶(책읽기)을 통해 극복하도록 자극하고, 다시, 그 성찰과 정리의 삶은 타인의 삶을 자신 속에 새기고 싶어 하도록 유도한다. 이러한 다원적 결정 요인들의 상호작용은 이렇게 정리될 수 있다.

1) 나의 방황은 타인의 불행을 나의 체험으로 동질화시
킨다.
2) 타인의 불행은 나의 심리적(주관적) 방황을 객관화
시켜, 정리와 성찰의 행위를 낳는다.
3) 성찰과 정리의 행위는 나의 심리적 방황과 타인의
현실적 불행에 의미를 부여한다.

이때, '나'는 "눈이 내리는, 한국 상고사와 지리학 교
실 회의주의 낮은 산의 깜깜함으로, 얼음이 깨어지고 얼
음의 잇날이 맞물리는"(p. 20) 것을 느낀다. 아니다. '나'
는 얼음이 깨어지고 얼음의 잇날이 맞물리는 "쓸쓸함
의 내외로 걸어"(p. 20)간다. 그 걸어감은 "한국 상고사
와 지리학교실 회의주의 낮은 산의 깜깜함으로"의 걸어
감이다. 즉, '나'의 해빙은 타인의 삶을 되살려놓는 행위
이다. 그때, '나'는 타인이 "빚은 여윈 얼굴들의 기억을
더듬어"가서, 그들의 떠난 행위로부터, "당신이 삭인 괴
로움, 당신의 그리움"의 "일그러지고 탄식하고 즐거워
하"(p. 82)는 온갖 생생한 삶의 형체들을 복원해낸다. 당
신에 대한 나의 그리움은 성찰과 정리를 거쳐("부드러
운 흙의 슬픔을 달래면서"), 당신의 울분의 행위가 곧 동
시에 그리움의 몸짓이라는 것을, 그리고 그리움의 구체
적 모양들을 밝혀내는 것이다. 현실을 떠나간 아버지는
이때, "땅울림으로 오시"(p. 39)는 아버지로 변모하며,

세상으로부터 등 돌린 타인의 '등'은 이때, 힘겹게 현실을 지고 나가는 등짐 지는 행위의 '등'으로 바뀐다.

3. 송재학의 시들에서 자주, '척추' '등뼈' '어깨' '등판' 등의 어휘들이 나오는 것은 그 때문일 것이다. 또한 그의 시들에서 '눕는다'는 동사가 빈번한 것도 그 때문일 것이다. 그 동사는, 휴식을 뜻하지 않고, "그 그리움을 향하여 온몸을 눕힙니다"(p. 22) 같은 구절, 혹은,

> 어찌 먼 길 떠나지 않으랴
> 물소리 따라 누우면
> 한줌 기쁨이고 슬픔이고 죄다
> 살여울로 흘러버리니
> 몇십 년의 땅에서도 갈 길 더욱 멀고나 (p. 37)

에서 보이듯, 타인에 대한 그리움을 표출하고 타인의 떠남의 행위에 동참하는 적극적인 동작이며,

> 머리맡은 폭풍 속
> 어린 나뭇잎 흩어져 있습니다 (p. 56)

> 여인은 죽어도 지아비의 머리칼에 드러눕는다. (p. 76)

같은 구절들의 '머리맡' '머리칼'이 암시하듯, 의식적

실천의 행위이다. 그러나, 어떻게 해서 그럴까? 눕는다
는 것은 본래, 운동을 정지시키는 것이 아닌가.

> 굽이굽이 붉은 땅 늙은 소나무,
> 잠들 곳 있으리
> 물길 따라 누우면 (p. 36)

의 누움은 곧, 잠들 곳을 찾아 눕는 것이며,

> 하나하나 살아 아픈 말, 아픈
> 노래만 길게 누워 있지
> 노래로
> 반딧불에서 별빛까지 꿈꾸고 있을 뿐 (p. 88)

의 누움은 결국 '꿈'에 불과한 것이 아닌가. 그렇다면,
송재학의 시에서 눕는다는 것은 모순을 내포하고 있는
행위이다. 그 모순은 무엇을 말하는가.

　우리는 시인이 정서를 자연묘사로 치환시키는 이유
와 그 자연묘사의 힘에 점점 가까이 간다. 누움이 삶의
나아감이며 동시에 정지라는 것은, 시인의 자연이 단절
된 현실의 이음이며 동시에 현실의 멈춤이라는 것과 동
궤에 있다.

　송재학 시의 그리움의 대상인 타인들은 떠나거나 죽

은 자들이다. 떠남이나 죽음은 현실적 시간과의 단절을 의미한다. "길 막혀 맘 맺혀 깜깜하고나"(p. 34) 같은 구절이 말하듯, 그 단절은 삶의 이어짐을 끊는 단절이며, 덩달아, 마음의 무너짐을 의미하는 단절이다. 마음의 무너짐을 의미하는 단절이라면, 이 현실 내에서의 시간도 실상 의미 없는 시간, 다시 말해, "길 막혀 맘 맺혀 깜깜"한 끊어진 시간에 다름 아니다. 떠나간 타인을 그리는 사람에게는, 타인의 이 세상과의 단절은, 차라리, '나'의 이 세상과의 단절이다. "죽음은 아우의 얼굴에는 없고 시간을 지키는 내 슬픔에 있을 뿐"(p. 52) 같은 구절은 그래서 나온다, '그'에게나 '나'에게나 시간은 고인다. "자정의 물결 지나 뇌리의 수초는 일렁이고 아픈 흉곽 그늘 아래 시간은 고여 있"(p. 17)고, "풀의 힘 죽이고 대낮 죽여 고요한 시간"(p. 24)이다. 시간이 형식상으로나마 있기는 있다면, "사람들은 점심시간을 죽이기 위해 모여든다"(p. 26). 시간을 죽이기 위해 그들이 모여드는 곳이 바로 '자연'이다. 그 자연은 시간이 멈춘 곳에서 확장되는 공간으로서의 자연이며, 시간의 고요, 시간의 정적의 다른 이름인 그 자연은 "날짜마다 고요 어둠으로 타오르는 불꽃"(p. 32), "불붙은 고요 길"(p. 9)로 타오른다.

그 자연은 '길'이다. 다시 말해, 움직이는 자연이다. 그게 길이라면, 그 확장되는 공간으로서의 자연은 또한 시간이다. 길은 변화의 궤적에 다름 아니며, 변화하는 공간은 곧 시간이기 때문이다. 단, 그 시간은 현실의 시간과는 다른 시간이다. 그 시간은 시간의 고요를 열고 나간 또 하나의 시간이다.

> 네 울음은 두 박 세 박 리듬의
> 젖은 목소리로 천년 만년을 짚어가고 있었어 (p. 88)

의 그 시간은, 나아가는 시간이 아니라, 짚어가는 시간이며,

> 어린 날 우리 마을의 뒷쪽에는 낮은 산 둘 마주서서 엉터리 같은 뻐꾸기와 엉터리 같은 사람들 몇몇 춘향전을 읊고 엉터리같이 (p. 89)

산, 천년의 시간이다.

의식이 깨인 나아감이며 동시에 잠인 '눕는다'와 공간의 확장이며 동시에 어떤 다른 시간의 발생인 '자연'은 동형이고 상관적이다. '자연'은 '눕는다'의 명사적 치환이며, '눕는다'는 '자연'의 동사적 치환이다. '나'의 눕는 행위는, 공간의 확장이며 '짚어가는' 시간인 그 자연이 침잠의 자연임을 알려준다. '나'가 열고 들어가는 자연은, '나'의 눕는 행위가 정지나 휴식이 아니라, '나'

가 그리는 대상과의 한몸이 되는 행위임을 환기한다. 떠나거나 죽은 타인들을 되살리는 것이 시인의 시적 행위의 결과라면, 자연은 그 행위에 육체를 부여하며, '눕는다'는 그 행위의 실제적 동작이다.

4. 타인의 죽음과 떠남을 되살리는 행위, 그것을 '나'는 타인의 운명에 '보태는' 행위라고 말한다. 그 타인의 운명에 보태기는, 그러나, 타인의 죽음과 떠남을 되풀이하고 누가 시키는 일인 것만은 아니다. '나'는 말한다.

김 형이 편지를 받을 즈음 나는 죽어서 뜨거운 뼈 한 줌 또는 한숨으로 강이나 들로 날리겠지요 그렇습니다 내 말의 은유는 삶을 위한 표현, 그 표현의 뜻을 날카롭게 갈아보고픈 막막한 그리움뿐입니다 (p. 22)

죽음, 즉 자연으로 되돌아가는 행위는 실상, '삶을 위한 표현'으로서의 은유이지, 현실의 삶과 무관한, 혹은 그것으로부터 일탈한 초월적 세계가 아니다. 그 자연을 향한 움직임은 삶을 위한 표현의 뜻을 날카롭게 갈아보고픈 막막한 그리움에 다름 아니다. 그렇다면, 죽고 떠난 타인을 되살리는 행위는, 현실로 그를 되돌아오게 하는 행위이다. 「서시」는 벌써, '그'의 돌아옴을 말하고 있으며, 시집 뒷부분의 시들은 자주 다음과 같이 말한다.

세상 가운데로 흐른다
꽃은 비름풀 따위에도 촘촘히 피어
물소리 내고
마음은 들끓고 있다 (p. 59)

물은 두근거리며 쓸쓸함의 비밀로 세계의 가운데로 흐
르며 불 켜고…… (p. 69)

자연이 되어 흐르는 것은, 세계 밖으로 흐르는 것이
아니라, 세상 '가운데로' 흐르는 것이라는 것이다. 결국,
세상 밖으로 떠나거나 죽은 사람의 운명에 보태는 일이
세상 안으로 돌아오는 일이라는 것이다. 출분이 곧 회
귀이고, 진전은 반전이다. 이 과정은, 그러나, 단번에 이
루어질 수 없다. 송재학의 시들은 그것이 그렇게 되는
과정을 단계적으로 보여준다. 그 단계는 크게 세 단계
로 나눌 수 있는데, 앞에서 말했던, 타인의 세 가지 유형
변화의 단계에 상응한다.

1) 타인이 생활 역사 속의 타인으로 드러나는 때: 그
때 타인의 삶은 밖의 사물이라는 의미에서의 객관성이
고, 인간의 삶을 은유하는 자연은 문자 그대로의 의미
에서의 비유, 즉 원관념을 실어 나르는 수단으로서의
수레에 불과하다. '얼음시' 편들의 '얼음', '허연 나무뿌
리'는 '나'의 현실 속에서의 마비·질식 그리고 피폐화

를 대리하는 '표현물'들이다.

2) 타인이 친족일 때: 타인의 객관성은 '나'의 의식 속에 동질화된다. 그 둘은 가장 가까운 거리에서 마주한다. 죽은 자(아우)의 "번뇌 또한 깊어져서 살아 있는 자의 미간에 떠오르고//지척지간 죽은 그가 서 있"(p. 53)게 된다. 인간의 삶을 은유하는 자연은 이때, 인간의 삶과 등치되면서 까닭 없이 뒤섞이는 한편, 그 자체로서는 이원화된다.

풀쐐기 스치고 풀숲 들끓는데
손아귀에 잡히는 건 풀이나 햇빛,
타는 정적만이 아니다
풀 죽은 몇 무더기 삶 (p. 24)

에서 '풀'의 다의미에 근거한 삶과 풀의 동질화나,

내 생각 흔적은
저 따위 길들에 다름 아닌 것을 (p. 32)

같은 진술은, 인간과 그 비유인 자연이 의식적 성찰을 경유하면서, 하나로 뒤섞이는 것을 보여준다. 그, 인간의 삶과 뒤섞인 '자연'은 이때 이원화된다. 하나는 타인의 삶이 전해주는 상처, 혹은 '나'의 막막함을 비유하는

“무성하고, 억세지는” 풀숲, “황토 청산 먼 땅” “와라락 우는” “억새 숲” 등이며, 다른 하나는 그 상처와 막막함을 견디어내고, 극복하도록 일깨우는 “장대비” “빗줄기” “찬 샘물” 등이다. 그것들은 “어두운 날짜 저 깊은 곳에서/나는 오랫동안 불을 피운 듯하다”(p. 33)라는 진술에서의 ‘어둠’과 ‘불’에 다름 아니다. 두 개의 자연은 ‘나’와 ‘타인’의 아주 밀접한 대면(즉, 가까이 있으면서 떨어져 있음)과 동형 관계에 있다.

그런데, 이 대면 자체가 차츰 융화되기 시작한다. 그 융화는, 그 막막한, 상처의 자연이 또한 삶을 이루어내고 있다는 의식을 낳으면서 이루어진다.

생채기 내는 것은
쑥부쟁이 가막사리……
만은 아닌데
풀을 뽑으면
생채기 위에 생채기 덧나고 (pp. 24~25)

에서, 상처는 보태어지고 누적되는 것이며, 그때, ‘나’는 “썩지 않는 눈부심이란 없다”(p. 31)는 깨달음에 이른다. 썩는 것과 눈부신 것은 따로 떨어진 것이 아니라, 같은 몸의 양면일 뿐이다. “길이 없는 숲 속은 한낮 전체가 길이다.” 붉은 단애는 “어둔 산 구석구석 깊이 베어져 [······] 자욱한 안개로부터 치솟는"(p. 54)다. 비로소, "산의 정적과 짐승들"은 이 세상 중심으로 모인다. '나'의 "세상 가운데로 흐"름은 동시에, "무성하고 고요한 강물 안으로"(p. 59)의 흘러감이다.

3) 설화나 그림 속의 타인이 나타날 때: 자연과 인간의 삶은 하나로 융합하고, 그때 자연은 현실로 돌아오는 것이며, 동시에 자신이 "조금조금 열"(p. 69)리는 것이기도 하다. 자연은 세상과 하나되며, 하나 된 자연 – 세상은 열려나가는 자연 – 세상이다. 그 하나 됨은 새로운 보편성의 세계를 이루어낸다. 그 보편성은 미학적 혹은 정서적 보편성이라 이름 붙일 수 있는 것, 즉 인간의 집단 무의식 속에 함께 자리하고 있는 설화적 세계이다.

밖의 사물이라는 의미에서의 객관적인 타인의 삶은 주관화를 거쳐, 함께 공유함이라는 의미에서의 객관성으로 변모한다. 그 객관성은 설화의 객관성이지만(현실은 죽음이고 떠남이므로), 그것은 현실에 겹으로 놓여, 현실을 살아가는 사람들의 등을 비추어주는 환한 빛이된다. 이렇게,

> 바람 첩첩 너울 속에, 큰 소리 웃음 속에
> 월명사 선방을 두드리며 한 사내와
> 금방 헤어진 누이 누이로

현실을 등진 삶은, 현실을 등에 지고 나가는 행위로
바뀌며, 그것은 다시, 현실의 등에 쬐어지는 빛을 받아
환해진다. 든든해진다. ▨